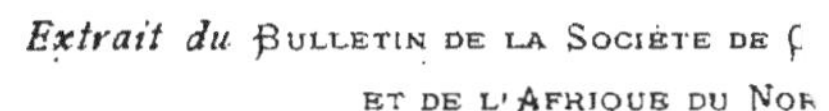
Extrait du Bulletin de la Société de (
et de l'Afrique du Nor

A. JOLY

A propos des analogies entre l'Espagne et l'Algérie

ALGER
IMP. TYPO-LITHOGRAPHIQUE S. LÉON
15, rue de Tanger, 15
1907

A propos des analogies entre l'Espagne et l'Algérie [1]

On dit communément que l'Algérie et l'Espagne se ressemblent ; mais cette affirmation pure et simple, si souvent reproduite qu'elle est devenue banale, n'est pas d'ordinaire appuyée d'arguments tirés de l'examen des choses et des êtres ; elle se réduit généralement dans la bouche de ceux qui l'énoncent, ou sous leur plume, à l'expression d'une conviction implicite et vague. Cependant, au fond, elle est à mon sens, parfaitement motivée ; pour moi l'Espagne et l'Algérie sont très proches parentes, et je voudrais exposer comment elles le sont. Mais, en même temps, j'élargirai quelque peu le cadre du sujet, et, au lieu de faire un parallèle entre l'Algérie et l'Espagne, je le ferai plus volontiers entre l'Ibérie et l'Afrique du Nord.

* * *

Au point de vue du relief et de la situation géographiques, d'abord, la ressemblance de l'une et de l'autre est indéniable ; comme

(1) On consultera utilement pour corroborer les idées émises dans les lignes qui suivent les cartes physiques ou géologiques d'Espagne et d'Algérie, ainsi que les articles de géographie physique ou de géologie descriptive, épars dans divers recueils ; il est à peine utile de rappeler que ce bulletin même a donné l'hospitalité à des publications de nature à faire progresser nos idées sur la partie la moins connue de l'Afrique mineure, le Maroc, et que deux des collaborateurs à la carte géologique d'Algérie, MM. Brives et Gentil, ont beaucoup fait pour la connaissance exacte de ce même Maroc.

l'Afrique Mineure, le plateau ibérique se trouve, à l'extrémité d'un continent, former un tout qui s'en distingue à bien des égards, tandis qu'il présente d'un bout à l'autre des caractères communs, des traits généraux qui constituent son originalité très intense. Si l'Espagne, séparée du reste de l'Europe, complètement, nettement, par les Pyrénées, est une péninsule si tranchée d'aspect, de climat, de configuration, de populations, de même l'Afrique mineure est, dans le nord de l'Afrique, une véritable entité.

Pays de plateaux et de hautes plaines sèches coupé de crêtes allongées dans deux ou trois directions principales ; hautes terres bordées çà et là de plaines littorales étroites et basses, de petites zônes de coteaux maritimes couverts de cultures ; avec, à l'ouest, des plaines plus vastes largement ouvertes sur l'Atlantique et s'enfonçant comme des coins entre des séries de hauteurs parallèles ou convergentes : telle est l'Ibérie, telle est aussi l'Afrique mineure.

Rappellerai-je brièvement les traits principaux de la géographie de l'Ibérie? Ces plaines cotières, ces collines riveraines de la mer, ces Sahel, dirait-on, en arabe, ces chaines maritimes, c'est le rivage de l'Andalousie, d'Alméria à Tarifa ; c'est la Catalogne, si verte avec ses oliviers, ses vignes et ses céréales, contrastant si crûment avec la nudité de l'Aragon qui s'adosse à sa chaine limitrophe ; c'est, de l'autre coté de la mer, la côte du Rif, âpre, hérissée, boisée ; c'est le Sahel d'Alger, c'est la grande Kabylie, c'est la Kroumirie couverte de forêts, et d'autres encore.

Ces plaines atlantiques fertiles, humides et chaudes dans leur partie basse, fertiles encore plus haut, mais déjà sèches, c'est l'Andalousie du Guadalquivir ; c'est la partie basse des plateaux ibères arrosée par la Guadiana, par le Tage ; ce sont, au Maroc, les plaines qu'arrosent le Loukkos, le Sebou, l'Oum Errebia, la Tensift.

Les plateaux et les plaines hautes de l'intérieur, c'est l'Aragon brulé, c'est la Castille d'une part ; et de l'autre, c'est le plateau compris entre l'Atlas et le rivage atlantique de Marrakech à Mogador ; ce sont les plateaux et les hautes plaines désolés des Chotts oranais, des Dayas et des Zarez, du Hodna ; c'est le plateau constantinois, et toute cette longue suite de steppes qui règne au sud du Tell Algérien et le borde de sa stérilité.

Seulement l'Ibérie s'adosse à un continent dont le relief diffère essentiellement du sien, tandis que l'Afrique mineure est, quoi qu'on en dise parfois, partie intégrante du grand plateau désertique de l'Afrique septentrionale. Je disais tout à l'heure que c'est une entité ; on l'a répété bien souvent ; c'est vrai, je le crois ; mais c'est une entité subordonnée, secondaire ; c'est une partie autonome, mais une partie d'un tout, cependant ; les dépressions des chotts du sahara constantinois ou tunisien, de peu d'importance par rapport à l'immense étendue, la distinguent, certainement, du reste de l'Afrique, mais ne l'en détachent point. Et de cette différence nait une foule de conséquences.

Il convient d'insister un peu sur les principaux détails du relief.

De part et d'autre, les chaines présentent de remarquables analogies. Minces arêtes sèches, elles s'allongent entre des terrasses, des plateaux et des plaines rigides nues et maigres. C'est la Sierra de Gâdalajara ; c'est la sierra de Guadarrama et les monts du Tolède ; c'est la sierra Morena, la sierra Bétique, avec la sierra Nevada comme motif principal Et sur l'autre rive, décrivant une courbe symétrique à celle des montagnes andalouses, qu'elle continue manifestement, c'est la chaine Rifaine, de Tanger aux Zaffarines, et ses prolongements plus ou moins directs des Beni Znassen et toutes les hauteurs côtières jusqu'à Nedroma, Beni-Saf, Oran ; c'est le petit Atlas, de Fès à Taza, prolongé dans son axe, au delà de la Moulouya, par les monts de Tlemcen et par les collines qui meurent au nord de Sidi-Bel-Abbès ; c'est toute la série de crêtes qui accompagnent ce même axe de plissement et l'avoisinent, les monts des Beni Chougrane par exemple ; plus au sud, c'est le grand Atlas et l'Atlas saharien, qui, s'ils ne se prolongent pas directement l'un l'autre, paraissent du moins appartenir, eux aussi, à un même axe de plissement principal, parti de l'Atlantique et du Cap Noun, pour aller mourir au Cap Bon entre les deux bassins de la Méditerranée, face à la Sicile.

Toutes ces chaines, plus ou moins parallèles, s'orientent dans l'ensemble du sud-ouest au nord-est, exception faite de la courbe décrite par les sierras Bétique et Rifaine autour du détroit de Gibraltar.

Dans une direction différente, court en Algérie de l'est à l'ouest une partie de l'Atlas Tellien, du méridien de Tiaret à celui de Bône. Là ses multiples chainons viennent obliquement recouper ceux de l'Atlas Saharien, non moins nombreux, et qui couvrent alors tout le large espace compris entre la mer et le Sahara. A la vérité, je ne vois en Espagne aucune chaine importante ainsi dirigée ; mais l'extrémité orientale de la sierra Bétique semble, vers Alméria, vouloir incliner vers cette direction, un peu avant de s'abimer dans la mer. La suite, aujourd'hui sous les flots, avait-elle précisément la même direction que l'Atlas tellien des provinces d'Alger et de Constantine, dont elle aurait ainsi formé le pendant ? N'est-elle point plutôt, après une courte inflexion, dirigée sur les Baléares ? Questions auxquelles de bonnes et minutieuses cartes bathymétriques, fidèles images de grands fonds, permettront peut-être un jour de répondre.

Mais une certaine divergence dans l'orientation de quelques éléments du système orographique n'a pas d'importance au point de vue qui nous occupe, et l'analogie subsiste entre les sierras ibériques et les chaines de l'Atlas ; dans l'ensemble, ce sont des crêtes longues, étroites, plus ou moins parallèles, séparées par des parties planes ou presque planes, comme ci-dessus je l'exposais, et c'est là l'intéressant.

D'autres analogies, non moins importantes, se révèlent à propos du relief, notamment encore à propos de la structure générale. C'est ainsi qu'on voit, en dehors des chaines proprement dites, mainte crête saillir sur les plateaux, aussi bien en Espagne qu'en Afrique. Les plateaux constantinois en sont semés, et de même, en Espagne, celui de Bobadilla, par exemple, à l'ouest de Grenade ; celui qui forme la haute vallée du Guadalquivir, à l'ouest de Cordoue. Ces crêtes courtes, plongeant rapidement aux deux bouts, sont les sommets les plus élevés et demeurés apparents de chaines secondaires noyées dans l'épaisseur des dépôts ultérieurs et notamment dans les atterrissements tertiaires et quaternaires.

En Espagne, comme dans l'Afrique mineure, on voit peu de ces zônes de collines basses, ramifiées, compliquées, mais ordonnées, bien modelées, arrondies, au relief fini, si fréquentes dans le nord de la France et qui dénotent une usure accentuée du sol. Par contre, dans l'un comme dans l'autre pays, on voit abonder jusque dans le détail du relief la forme plateau. Des terrasses s'étagent sur le bord des vallées, séparées par des bords abrupts tournées vers les thalwegs ; et l'on y retrouve des séries entières d'étages géologiques, quelquefois du miocène au quaternaire. Les plus anciennes sont les plus élevées ; elles se terminent souvent par de vraies falaises, quelquefois très hautes et très pittoresques. Telle la vallée du Nahr Ouacel en Afrique mineure ; telle la plaine du Manzanarès à l'amont de Madrid.

Des terrasses analogues, aussi nettement distinctes, mais plus réduites en dimensions, occupent le lit majeur des cours d'eau ; elles limitent les lits mineurs et correspondent à des périodes distinctes du quaternaire.

Les dépressions fermées ne sont pas rares en Espagne ; il y en a de nombreuses sur le plateau de Bobadilla, sur celui de Castille, au sud de Tolède. Le plus souvent, le fond en est occupé par quelque lagune dont les eaux se dessèchent en été pour laisser sur le sol une nappe de sel éblouissante. Inutile, je pense, de signaler la fréquence de ces mémes lagunes dans l'Afrique mineure et dans le Sahara,

Seulement il y en a davantage et de plus grandes dans l'Afrique mineure ; parce que le plateau ibérique, de toutes parts faisant front à la mer, est mieux drainé ; parce que les eaux de l'intérieur vont plus facilement à la mer ; parce que les cours d'eau ont eu plus de force érosive, en tant qu'ayant un niveau de base maritime plus proche, plus aisément accessible et parce qu'ils ont ainsi pu travailler davantage.

La façon dont l'érosion a marqué son sceau sur les accidents du relief est encore très analogue en Espagne et dans l'Afrique mineure. Les terrasses miocènes et pliocènes sont découpées de même en tables, en promontoires ; j'ai vu, sur le plateau de Nouvelle Castille, au sud de Tolède, de véritables gours, cette forme si typique de l'érosion au désert et dans les steppes africaines ; et lorsque, des hauteurs de Tolède, on jette les yeux sur la vallée du Tage, vers l'amont, on voit, comme aux abords des Zarez, des Daya de Bou Guezzoul ou du chott Melrir, ces mêmes entassements de collines nues, étalant au soleil qui les brule leurs flancs fauves ou rouges ravagés par les eaux sauvages ; ces mêmes horizons de terrasses rigides, abruptes et blanchissantes, à perte de vue aussi rapées, aussi sèches que si toute vie en était à jamais absente.

Rien de plus africain encore que les paysages qui s'offrent à l'entrée de l'Aragon, vers Zaragoza, sur le Rio Jalon ; une grande vallée verdoyante, où des irrigations continuelles entretiennent la fraicheur des vergers et des champs de céréales ; puis, sur les bords de la vallée, des terrasses escarpées, des falaises rouges, des plateaux desséchés aux bords étrangement découpés ; au nord, un immense horizon vague et fauve dont les lignes raides et simples, sèches et nues, se perdent dans la lumière intense ; au sud, de grandes crêtes bleuissantes, longues, basses, raides, vides, avec, sur les flancs, des contreforts réguliers comme les cotes d'une immense bête allongée sur le ventre. Changez légèrement l'orientation et vous aurez les bords du Hodna du coté de Ngaous ou de Msila.

L'Aragon, à l'aval de Zaragoza, n'est qu'une grande *chebka*, cette autre forme si typique du relief dans les steppes africaines et dans le Sahara. Tout y est raide, encore, dans les lignes du paysage, heurté, brusque, sec et dur ; ce sont des collines au sommet horizontal, aux flancs rapides, avec des gradins marqués par des strates plus dures ; des tables arrondies, des cones isolés, d'une surprenante régularité ; puis tout un réseau inextricable de ravins desséchés qui vont, débouchant les uns dans les autres, le fond étroit d'abord à peine marqué par un mince ruban plat d'alluvions stériles au milieu du plateau chaotique finir, enfin, en larges couloirs où s'étalent de maigres cultures de céréales, dans des lits de torrents spacieux qui serpentent entre des falaises rougeâtres ou noirâtres. L'eau ne ruisselle pas sur la nappe de cailloux et de sables blancs qui couvre leur lit, comme une arène aveuglante et parfaitement plane ; car elle est prise pour les cultures, pour les jardins, pour les vergers dont la verdure court en ruban continu, avec les tamarix et les lauriers roses, au pied des falaises, comme les jardins de palmiers dans les oueds du Mzab.

Ailleurs, sur le plateau, dans la Chebka, en Aragon comme au Mzab, comme dans les steppes algériennes, d'immenses étendues désertes et caillouteuses, quelques pieds d'armoise blanche, dont la teinte grisâtre se détache à peine sur le fond jaunâtre ou fauve du terrain ; quelques buissons de jujubiers dont le maigre feuillage et le branchage plus sec encore s'harmonisent si bien avec l'universelle désolation d'alentour.

*
* *

Abordons maintenant le chapitre des formations géologiques.

De grandes différences existent à ce point de vue, semble-t-il d'abord, entre l'Espagne et l'Algérie ; dans la première les formations anciennes prennent une part importante à la constitution des chaines, tandis qu'elles jouent seulement dans la seconde un rôle très effacé. Mais cette première idée apparait erronée, si, au lieu de considérer l'Algérie seule, on la rattache à toute l'Afrique du nord comme partie indivisible, ainsi que cela se doit faire.

Les formations anciennes, primaires notamment, jouent un role important dans les cordillères ibériques, c'est entendu. Mais, dans l'Afrique mineure, les mêmes formations constituent la masse du grand atlas marocain, sans compter les noyaux gneissiques et les pointements granitiques. Le Trias, d'étendue restreinte en Algérie, s'y montre sur de longues étendues ; dans le sud tunisien il couvre d'immenses espaces ; on l'y voit s'étaler largement avec un faciès analogue à celui qu'il présente en Catalogne, avec la même allure stratigraphique des plus calmes [1].

---

(1) Ce trias s'étale ainsi largement dans une contrée qui fait partie, selon moi des confins de l'Afrique mineure encore plus que de l'Afrique mineure proprement dite. Des photographies du Sénégal et du Soudan que j'ai vues récemment, la description qu'on m'a faite des lieux reproduits, m'ont donné à penser que peut-être le trias pourrait se retrouver dans les mêmes conditions entre le Sénégal, le Soudan et la Mauritanie ; s'il se poursuit dans celle-ci, en

On peut certainement établir l'équivalence géologique de l'Espagne et du Maroc ; rien de plus analogue, par exemple, que les terrains de la cordillère Bétique et ce que l'on voit de la chaine Rifaine aux abords de Tanger et de Tétouan ; même facies des schistes et des poudingues primaires, même part prise au relief par les calcaires du lias. Les grès et marnes éocènes de la baie d'Algésiras sont identiques à ceux du djebel Elkbir de Tanger ; on ne saurait nier leur similitude avec l'éocène des provinces d'Alger ou de Constantine et de la Tunisie du nord.

J'ai trouvé, entre Algésiras et Tarifa, des assises grèseuses identiques à celles de l'oligocène de Dellys. Rien ne ressemble d'autre part aux environs d'Alger, au Bouzaréa, comme les collines qui dominent Malaga ; les schistes, les gneiss y ont exactement le même facies. La même analogie doit exister entre le carbonifère de la sierra Morena et celui du grand atlas Marocain.

Rien ne ressemble aux grès triasiques de la Catalogne comme ceux du sud tunisien, comme les lambeaux d'alentour Tétouan.

On ne saurait méconnaitre l'absolue identité d'une grande partie du keuper d'Ibérie, de celui du sud, avec celui de l'Afrique mineure septentrionale ; même facies, même façon d'apparaitre tout à coup, souvent là où sa présence s'explique le moins, quelquefois par tout petits paquets dont les relations avec les terrains encaissants sont difficiles à établir. Le keuper, il est vrai, s'étale plus largement dans la Péninsule qu'en Algérie ; mais on en a découvert nombre d'ilots en Algérie, dans ces dernières années ; on en découvre encore tous les jours ; le trias couvre aussi de très grands espaces dans le nord du Maroc. Enfin, indépendamment des questions de surface, on ne saurait se tromper sur la parenté des ilots de marnes, d'argiles, de gypses d'Andalousie, bariolés de jaune, de rose, de rouge, de bleu, de vert et de lilas, avec ceux du nord de l'Algérie ; mêmes couleurs, mêmes aspects, mêmes formes topographiques, même air hérissé, bouleversé, érodé, rongé, effondré, chaotique en un mot.

Comment s'étonner que les formations anciennes, inclus le trias, prennent une part plus importante à l'orographie en Espagne qu'en Algérie ? La vérité c'est que le système montagneux de l'Afrique du nord étant plus développé dans l'ouest, où les chaines prennent leur maximum d'élévation et d'épaisseur tandis que vers l'est elles diminuent sans cesse pour aller mourir en Tunisie, il est tout naturel de

---

allant sur le Maroc, il formerait de ce côté, le pendant du trias du sud tunisien, aux confins de l'Afrique mineure encore, mais dans l'Ouest.

voir les formations anciennes se montrer au jour largement dans l'ouest, au Maroc comme en Ibérie, tandis que, plus on avance vers l'est, plus on les voit plonger sous d'autres terrains plus récents, pour revenir au jour seulement de loin en loin, dans quelques plis suraigus, dans quelques sommets surélevés.

Or l'Ibérie correspond surtout, au point de vue géologique, à la partie occidentale de l'Afrique mineure, au Maroc. Il n'en est donc pas moins vrai que, dans les grandes lignes, et aussi au point de vue du facies des formations, l'Ibérie et l'Afrique mineure offrent beaucoup d'analogie, bien souvent jusque dans le détail. C'est ainsi que dans l'un et l'autre pays, les atterrissements tertiaires et quaternaires offrent une ressemblance frappante et même souvent les dépots marins de ces âges. J'ai déjà parlé des grès éocènes d'Algésiras, de Tanger, de la Numidie. Le miocène de la sierra de Ronda (Andalousie), comme celui de Grenade, rappelle beaucoup celui de Tiaret et des bords du Sersou.

Une partie au moins, la partie inférieure, bariolée de rouge et de blanc, de ce que l'on a classé comme pliocène ancien dans la province de Constantine (Saint-Donat, Chateau lun, Oued Athmenia) en se basant sur le stratigraphie seule, à défaut de documents paléontologiques, ressemble étrangement au miocène tel qu'il apparait dans les terrasses de Castille auprès de Tolède ; il rappelle aussi les formations aragonaises du Jalon, en Aragon ; dans la vallée de Benian entre le Nador (de Tiaret) et le plateau de Rosni, j'ai trouvé les mêmes huitres qui sont fréquentes dans le miocène d'Andalousie.

Mais dans les atterrissements plus récents se révèle une analogie plus grande encore. On remarque, en maint endroit, dans la haute vallée du Guadalquivir, à l'amont de Cordoue, dans la nouvelle Castille, dans l'Aragon, les débris d'une formation qui rappelle de tout point ce que l'on classe aujourd'hui comme pliocène continental en Algérie. Ce sont des sables et des terres de couleur rouge, ou orangée, des marnes gypseuses blanches, plus ou moins entremêlées de concrétions calcaires, de lits discontinus, de lentilles de calcaires blancs, ou rouges, ou roses, de poudingues de mêmes couleurs, avec en haut, une croûte ou une couche d'épaisseur variable, de calcaire analogue, souvent feuilleté, passant fréquemment aux poudingues.

Cette formation, dont quelques traces se trouvent dans les grandes vallées du tell algérien ou tunisien, qui se montre d'une façon très nette autour de Constantine (Mançoura), qui couvre de grandes étendues sur les plateaux de Sétif, en Tunisie, de Sfax à Sousse par exemple, joue un rôle bien plus important encore dans les steppes et dans le sahara septentrional. Tantôt elle s'y étale en nappes immenses ; tantôt, découpée par l'érosion en gours, en plateaux, en terrasses, elle borde les vallées de ses falaises blanchâtres ou rutilantes.

Or une formation toute semblable, ou mieux ses débris, existe en Espagne, jouant un role très analogue ; de même qu'en Algérie, elle paraît correspondre, tantôt à des dépôts lacustres ou fluviaux, tantôt, réduite à peu d'épaisseur, à des dépôts de pente où de ruissellement effectués à la faveur d'un régime de grandes pluies. Dans la partie méridionale du plateau de Nouvelle Castille, adossé à la sierra Morena, on traverse des landes caillouteuses qui s'étendent à perte de vue ; sur la croute calcaire et blanche du sol poussent, comme dans les steppes d'Algérie, des jujubiers, des retems, de l'albardine, de l'armoise blanche et des pistachiers rabougris. Il manque seulement quelques tentes de nomades pour achever de donner au paysage son aspect algérien. Cela étant, on se croirait aisément transporté subitement dans les vastes étendues du Sersou ou dans les plaines des Ouled Abd Ennour.

Ailleurs, dans les bas-fonds quaternaires, couverts de récoltes, parsemés de villages éloignés les uns des autres, on se croirait sur les plateaux de Sétif, près de Saint-Arnaud ou de quelque centre analogue, où l'eau jaillie de sources abondantes répand autour d'elle la vie et la fraicheur, entretient la verdure des peupliers et des trembles.

Non moins étendue se présente cette même formation entre Séville, Utrera, Marchenna et Cordoue ; elle couvre le sommet d'un plateau découpé par les eaux en collines allongées, qui domine de très haut les alluvions quaternaires de la vallée de Guadalquivir, et qui s'étend fort loin dans le sud vers les sierras de Grenade et de Ronda ; ses terrasses calcaires se couvrent de landes à plantes épineuses ; ses limons caillouteux rouges, appelés *barro* dans le pays, sont le lieu d'élection des amandiers et de ces magnifiques oliviers qui font la fortune et la réputation de la contrée ; tandis que des prairies et des paturages couvrent les alluvions des vallées sèches. Très nette encore, très différente des multiples dépôts indubitablement quaternaires, très différente aussi du miocène, se présente cette même formation aux tons blancs et rouges entre Madrid et la la sierra de Guadarrama ; ses débris abondent autour de Zaragoza.

Aux Baléares, elle porte Palma de Mallorca et couvre tout le fond de la baie ; j'en ai rapporté des échantillons de calcaire rosé, dans lequel se noient de petits cailloux plus durs, plus rouges qui donnent à la cassure un aspect amygdaloïde. Rapprochés d'échantillons provenant des steppes algériennes, il était impossible de les en distinguer.

En Algérie on classe maintenant comme pliocène la formation qui nous occupe, parce que, aux environs de Constantine et de Saint-Arnaud, on y a trouvé des documents paléontolgiques indiscutables ; ailleurs par analogie ; car, quoique très variable dans le détail, cependant, dans l'ensemble, cette formation se présente toujours identique à elle même, en ce sens que ses variations sont toujours comprises dans les mêmes limites et que ses aspects différents se réduisent à un certain nombre de types qui se reproduisent partout. Il est facile, d'ailleurs, de la suivre pas à pas dans son extension, et, de proche en proche, de la distinguer des autres formations, dans toute l'étendue des steppes et du Sahara du nord ; car, ou ses nappes se relient les unes aux autres, ou elles ne sont séparées que par des seuils de part et d'autre desquels on la retrouve avec le même facies, la même situation stratigraphique, le même rôle topographique.

La formation analogue du plateau ibérique est-elle de même âge ? je le croirais volontiers, à en juger d'après son facies, d'après son rôle dans le relief, d'après l'analogie évidente des causes auxquelles elle doit sa formation, enfin d'après l'amplitude, presque toujours très faible, des mouvements auxquels elle a pris part. Cependant les cartes géologiques espagnoles la classent ordinairement comme quaternaire ancien, parce qu'on n'y a pas trouvé de fossiles et que sa couleur souvent rutilante l'a fait comparer au diluvium rouge. Mais c'est là un argument qui n'a pas une valeur suffisante, à mon sens, et qui ne tient pas devant l'examen stratigraphique. D'ailleurs les cartes récentes et détaillées des environs de Barcelone, du Docteur Chanoine Alméra, indiquent comme *post-pliocène* (telle est l'expression employée) et donnent comme étant sans doute le terme le plus élevé du Sicilien, des lambeaux que je considère comme précisément représentant la formation en question dans la région [(1)]. Il Il y a fortes chances pour que, peu à peu, on trouve de même ailleurs, en Espagne, l'équivalent du pliocène des steppes algériennes.

---

(1) Le Docteur Almera a classé de même, dernièrement, comme post pliocène et comme couronnement du sicilien, des formations pareilles à celles dont il est ici question, formant de petites collines, des tertres, des buttes, dans la plaine de Vich (tout comme dans les steppes autour des lacs salés(, entre Barcelone et les Pyrénées (La Plana de Vich, Boletin de la Academi rea de Ciencias y bellas Artes).

Cette question d'âge, sur laquelle je m'étends, n'est pas oiseuse, comme elle le paraît peut-être de prime abord. Il importe beaucoup de savoir si l'Algérie et l'Espagne ont passé par les mêmes phases, aux mêmes époques, puisqu'il s'agit ici d'établir leur parenté à différents points de vue. L'étude de leur paléogéographie en découle, et elle intervient pour expliquer leur géographie actuelle.

Mais, si les cartes géologiques d'Espagne confondent toujours la formation dont il s'agit avec le quaternaire, à tort ou à raison. en revanche bien souvent aussi elles la passent sous silence et nous présentent seulement, comme en maint endroit de Castille ou d'Aragon, de vastes étendues miocènes ; d'où cette idée quelquefois émise, que l'Espagne a été presque entièrement drainée par des rivières tributaires de la mer dès avant le pliocène et que les dépôts continentaux de cet âge, ainsi que ceux du quaternaire, n'y offrent que très peu d'importance, contrairement à ce qui se passe en Algérie. Et il s'ensuit qu'il devrait y avoir dans la distribution des nappes d'eaux, des puits et des sources, une grande différence entre l'Espagne et l'Algérie [1], au bénéfice de cette dernière. Nous verrons que c'est précisément le contraire.

Comment expliquer, cependant, le silence des cartes à l'égard de dépôts si importants au point de vue de la distribution de la végétation et des eaux, c'est à dire de la vie ?

Probablement parce que, tantôt à cause de leur faible épaisseur, tantôt à cause de leur peu d'étendue, on les a tenus pour négligeables. Les géologues s'occupent plus volontiers des formations qui jouent un role important dans l'orographie ; ils s'intéressent moins aux atterrissements, aux dépots de pente qui ne créent pas le relief, qui le modifient seulement par de légers glacis, par une patine ajoutée anx grands accidents montagneux, aux grandes zônes de collines. En Algérie, après soixante années d'explorations géologiques, on commence seulement à s'en occuper. Ajoutons que l'étude en est difficile, qu'elle suppose une parfaite connaissance du pays ; qu'elle est ingrate, à cause de la pénurie des documents paléontologiques ; enfin que les atterrissements anciens jouent souvent un role effacé, dans les régions fertiles et habitées ; qu'ils se développent au contraire dans les régions stériles, désertes, celles

(1) Précisément au contraire, le Docteur Almera constate, dans la plaine de Vich, la très grande importance des alluvions pliocènes et quaternaires, tout à fait analogue à celle des mêmes terrains dans les plateaux algériens, alors que, jusqu'ici, les cartes nous donnaient Vich comme située dans une région uniquement éocène ou oligocène.

où précisément l'on ne va point, par ce qu'elles sont torrides en été, glacées en hiver, par ce qu'on y manque d'eau et de ressources de toutes sortes. Mais on y prête attention, involontairement, quand on a vécu pendant des années à leur contact, dans le sud algérien, où, de toutes façons, leur fréquentation s'impose pendant des journées et des journées entières.

Il convient d'ajouter, enfin, que ces formations sont moins intéressantes au point de vue de la géologie pure qu'à celui de la paléogéographie et de la géographie économique, car le rôle qu'elles jouent dans la distribution des nappes d'eaux peu profondes et dans celle de la végétation est considérable, ainsi que je viens d'y faire allusion ci-dessus.

Les atterrissements plus récents présentent la même analogie de facies dans la Péninsule ibérique et dans l'Afrique mineure. Mais ils ne diffèrent pas sensiblement de ce que l'on voit un peu partout. J'indiquerai seulement, parmi les dépôts attribuables au quaternaire ancien, en Espagne comme en Algérie, des terrasses très semblables à celles du pliocène, faciles à confondre avec elles, et formées à leurs dépens. On arrive à les distinguer avec beaucoup d'attention; elles jouent un role bien moindre dans la topographie, marquent quelquefois la place d'anciens lacs d'étendue moindre que ceux de la période antérieure ou la place de grands lits de cours d'eau. Elles sont d'ordinaire recouvertes de terres maigres, plus propres aux pâturages qu'à la culture.

Il convient encore d'insister sur l'aspect du paysage, quand ces terrains alluvionnaires récents prennent une grande extension. La plaine basse du Guadalquivir, avec ses flaques d'eau salée, de ci, de là, ses nappes de salsolacées où paissent des troupeaux, sa vague étendue bordée de collines basses, nues et sèches, n'est-elle point le parfait analogue de la plaine du Nahr Ouacel ou de celle de l'oued Jedi?

Mais, quelle que soit l'analogie présentée par tous ces atterrissements dans l'Afrique Mineure et l'Ibérie, on constate de suite qu'ils se présentent bien plus démantelés, bien plus ruinés par l'érosion dans la seconde que dans la partie centrale de la première (car dans le Tell algérien ou tunisien, ils le sont presque autant). On peut en déduire que le régime du climat, depuis longtemps déjà, comportait en Ibérie des pluies plus abondantes qu'en Afrique mineure.

*
* *

Nous touchons ici à ce qui distingue les deux pays. L'Espagne a beau être un pays sec, elle l'est moins que l'Afrique du nord; elle possède bien plus d'eaux courantes et souterraines, et ses nappes énormes d'alluvions, quoique plus démantelées, mais mieux arrosées par les pluies, conservent dans leur sein des nappes d'eau bien plus riches.

Non seulement les rivières pérennes sont plus nombreuses, mais encore on rencontre fréquemment, sur les plateaux de Castille par exemple, des thalwegs marqués par des rubans de cultures maraichères auxquelles d'innombrables norias versent incessamment une eau abondante prise à peu de profondeur. Il n'est guère de lit de rivière, si desséché soit-il en apparence, qui ne se trouve dans ces conditions C'est un beau et curieux spectacle en même temps que celui qui nous est offert, aux environs de Palma, par tous ces moulins à vent qui, actionnant des pompes, puisent incessamment à la nappe très riche du sous sol immédiat et versent dans des norias innombrables l'eau qui sert aux cultures pour entretenir la fraicheur des bosquets d'oliviers et d'amandiers dont la plaine est couverte. Quelle vue magnifique au printemps, quand la verdure naissante et tendre des amandiers, le feuillage gris des oliviers se détachent, dans l'atmosphère lumineuse et pure, sur l'azur des montagnes dont le cercle enferme la plaine ! Où trouver un tableau plus plein de vie et de fraicheur, et qui mettra mieux en valeur l'importance primordiale de l'eau et de l'irrigation sur les bords de la Méditerranée ?

On ne saurait, malheureusement, voir semblable spectacle bien fréquemment dans l'Afrique du nord. Seules certaines parties des plateaux de Sétif pourraient offrir quelque chose d'analogue, mais les nappes, moins abondantes, y sont moins étendues, moins nombreuses. En tous cas, sauf exceptions, dans les steppes de la province d'Alger, ou dans celles de la province d'Oran, tantôt l'eau est éloignée du sol, tantôt elle y est de mauvaise qualité ; quelquefois les puits sont coûteux à établir, parce qu'il faut les creuser dans des matériaux très durs, et toujours l'abondance des nappes d'eau est limitée.

Un indice frappant existe d'ailleurs de cette plus grande richesse en eaux, même dans le plateau central espagnol ; très fréquemment on voit à fleur de sol des taches vertes où pullulent les joncs et parfois les roseaux. Même en dehors des thalweg, on trouve encore, en beaucoup d'endroits, de l'herbe verdoyante jusqu'au cœur de l'été ; dans les chaumes, dans les vieux labours, quelques plantes, comme des menthes ou des origans, résistent aux plus fortes chaleurs ; traces de vie précaire, si l'on veut, mais enfin traces de vie, que l'on chercherait vainement dans les misérables cultures des steppes algériennes, si ce n'est en quelques endroits très favorisés et qui tiennent déjà beaucoup du Tell, comme le haut Sersou des environs immédiats de Tiaret, région de grande altitude, très arrosée par les pluies.

Seul le Maroc, ou certaines de ses parties, se rapprocherait peut-être d'avantage de l'Espagne. Mais il faut se tenir sur la réserve ; on a généralement très surfait ce pays et, pour le voir trop beau, on ne le voit pas tel qu'il est, tel qu'il conviendrait de le voir pour tirer profit de sa connaissance. Les sécheresses prolongées y sont fréquentes, même dans les régions élevées comme le Rif, même dans les plaines Atlantiques, comme le Rarb.

L'Aragon semble être la région la plus sèche de l'Espagne ; on se l'explique assez, puisque c'est une dépression de toutes parts fermée par des chaînes de montagnes qui ne lui laissent aucun jour sur la mer. Mais il est curieux de constater cette position symétrique des régions les plus sèches par rapport au détroit, l'Aragon d'une part, les Steppes et le Sahara, de l'autre.

Cependant l'Aragon lui même présente des traces d'humidité dans tous les thalwegs et dans toutes les dépressions ; des sources abondantes jaillissent dans le lit des cours d'eau ; un grand fleuve le traverse, et la sécheresse, pour réelle qu'elle soit, ne se rapporte qu'aux parties superficielles des collines et des plaines. On y voit pousser des oliviers, dans tous les ravins où se trouve un peu de terre végétale. Ils sont maigres et rabougris, il est vrai, mais ils vivent même sans être arrosés. Pas un de ces arbres ne viendrait sans irrigation dans les steppes africaines.

Dans le plateau de Castille on trouve de gros villages qui vivent surtout des céréales, ce qui prouve que ces fruits de la terre, venus bon ou mal an, sans irrigations, avec les seules eaux du ciel, payent au moins les frais et donnent quelques bénéfices. Il ne saurait en être jamais de même, à quelques exceptions près, sur les plateaux algériens où la majeure partie des villages créés à grands frais semble vouée à la misère éternelle [1].

Je sais qu'il faut compter aussi, en Espagne, sur de formidables écarts de climat ; que la sécheresse y est à craindre et que maintes fois elle a causé des ruines immenses. Mais, quand je parle de différences entre l'Afrique mineure et l'Ibérie, je n'entends pas parler

(1) Ce n'est pas que les coins de verdure manquent absolument dans l'Afrique mineure. Mais ils y sont l'exception plus souvent encore qu'en Espagne et presque uniquement localisés sur ses côtes et seulement sur une partie des côtes.

de différences absolues ; sauf exception, d'une part comme de l'autre, la sécheresse domine ; les différences ne sont pas différences de nature, mais bien de degré. D'une façon générale, abstraction faite des détails [1], l'Ibérie est moins pauvre en eau que l'Afrique mineure.

S'en étonnerait-on d'ailleurs à constater la position favorisée de la péninsule entre l'Atlantique et la Méditerranée. Seule sa forme générale en plateau massif, sa proximité de la zone désertique boréale peuvent expliquer sa sécheresse, avec des conditions si favorables en apparence.

Le Maroc lui-même, la meilleure région de l'Afrique mineure, n'est pas aussi bien placé. Il se trouve moins directement compris entre l'Océan et la Méditerranée ; puis, au lieu de s'adosser à un continent tempéré, il s'attache à l'un des plateaux les plus desséchés du globe, au Sahara.

*
* *

On conçoit que, présentant de telles analogies avec l'Afrique mineure, l'Ibérie soit une véritable anomalie dans l'Europe occidentale ; qu'elle ait vu si longtemps prospérer sur son sol les musulmans de toutes races, arabes et berbères ; que la civilisation maure y ait brillé d'un si vif éclat, et que, même aujourd'hui, des traces bien vivaces en soient demeurées au milieu du peuple, dans une foule de coutumes, dans la langue, dans les habitudes et même dans les mœurs.

Que d'analogies dans la méthode des irrigations, dans l'aménagement des eaux, dans la disposition des habitations, dans la nature des cultures, dans le costume, dans la façon dont se groupent les villages ou se dispersent les habitations isolées, dans l'importance de l'industrie pastorale ! mille détails encore, que je n'ai point l'intention de rapporter, rappellent à chaque instant l'Afrique, à Séville comme à Valence, à Grenade comme à Tolède.

Dans cette analogie physique, et jusqu'à un certain point morale, je vois l'explication de bien des faits ; l'écart du reste de l'Europe dans lequel l'Espagne s'est tenue si longtemps, la survivance d'une foule de ses coutumes qui paraissent surannées ; sa pauvreté, son âpreté, sa rudesse, sa nonchalance, mais aussi sa légitime fierté, son énergie dans le malheur, son amour de l'indépendance, son stoïcisme dans le revers ; enfin la facilité surprenante avec laquelle ses enfants

---

(1) Il est certain, comme je l'ai dit plus haut, qu'on trouve en Ibérie comme dans l'Afrique mineure, de très belles régions, très fertiles, très arrosées, le long des côtes. Mais ce cordon de verdure qui entoure les deux pays est peu hced ose relativement à leur surface entière.

prospèrent sur la terre d'Afrique et leur surprenante facilité d'assimilation avec les indigènes musulmans.

Nous voilà loin des prémices ; d'une analogie purement physique, nous avons déduit une analogie morale, et il se trouve que la géologie, puis la géographie, expliquent en partie l'histoire et la politique.

J'en prends texte pour revenir sur ce que j'énonçais en commençant, sur l'analogie, la parenté étroite, mais qui n'exclut pas des différences, de l'Ibérie et de l'Afrique mineure. On a dit que l'Afrique du nord était plus européenne qu'africaine ; je dis, au contraire, que l'Espagne est plus africaine qu'européenne. [1] Et s'il en est ainsi, on conviendra sans peine combien il importe, au point de vue colonial africain, de la connaître en France ; or le grand public français l'ignore à peu près complètement. Pour ce public toutes les questions espagnoles se réduisent aux airs de guitare. Il y a cependant bien d'autres choses en Espagne, bien intéressantes et bien utiles à connaître, même quand on s'en tient aux simples rapports avec l'Algérie.

A. JOLY.

(1) Telle semble être aussi l'idée directrice du beau livre de Louis Bertrand, « *Le Sang des Races* », où l'auteur explique de même le « sang des races » par l'action du sol et du climat, et où il met si bien en relief les ressemblances du sol africain et espagnol. Lisez notamment ces premières pages ; « ils y avaient « retrouvé leur pays, ceux qui étaient nés sous les palmiers d'Elche, ou près « des falaises de Carthagène, comme les laboureurs de la huerta de Valence « et ceux qui élevaient des orangers dans le jardin humide de Murcie », etc.

www.ingramcontent.com/pod-product-compliance
Lightning Source LLC
LaVergne TN
LVHW010411240826
846091LV00020B/3523
9782019933937